JN440595

金光洙 第3詩集

曲 없는 返歌

金光洙 第3詩集

曲 없는 返歌

金 光 洙 지음

한국문화사

■ 책머리에

나의 시, 나의 삶은 미완의 여백. 기를 쓰고 완결을 추구한 어리석음을 지금에야 절실히 느끼게 되었다.

시조는 종결의 미학. 운율과 정서와 사상에서 우러나오는 인생의 반향, 그러나 어쩔 수 없이 남아도는 미완인 것을… 부질없이 완결을 도모하며 번뇌를 앓기도 했다. 하지만 마무리 짓는다는 생각은 놓아두기로 했다. 마치 생의 종지부를 찍는 것만 같아서… 한데 어느 날 문득 정리를 할 때가 다가오고 있다는 생각을 하게 되었다.

동시에 비록 검불에 불과한 졸작이지만 그냥 두는 것보다는 묶어 두는 편이 훨씬 값질 것이라는 막연한 기대감도 갖게 된 것. 거기다가 뜻하지 않은 급변사태가 유성처럼 나를 강타했다.

아차! 아직은 때가 아닌데, 순응하고 싶지 않은 일이라 당황스럽고 마음이 조급해졌다. 누가 왜 무슨 연유로 내게 절망을 강요하는가. 뿌리치려해도 거역할 수 없는 운명처럼 시시로 조여드는 절박한 고비에서 간절한 마음으로 미완의 존재 의미를 각인해보고자 한다.

끝으로 어쭙잖은 졸작에 해설을 붙여주신 리강룡 사백께 심심한 사의를 표한다.

■ 차례

제2부

제3부

제4부

제5부

제1부

산마을에서

고샅길 어디에도 말 섞을 이 하나 없다.
수풀이 부려 놓은 적요만이 사는 동네
그림 속 전설로 앉은 실낙원이 여기던가.

반쯤 헐린 헛간 외벽 애상스레 걸린 멍에
한 시절 에인 삶을 여물 씹듯 반추하며
아련한 소 방울소리 환청으로 듣는 걸까.

지절대던 산새들도 둥지 찾아 깃드는 녘
구붓한 등 못 편 채로 깡마른 옥수숫대
해종일 아들딸 생각 안고 업고 다독이고

깊은 골 깊은 밤을 뒤척이며 지새는 별
산 보다 더 큰 회한 어둠 속에 내려놔도
순죄업 벗을 길 없어 시리도록 빛나는가.

– ≪시조사랑≫ 2014년, 연간집

유심초(有心草)

어둠을 찢고 가는 한 줄기 유성처럼
온갖 회억 조각 느닷없이 쏟아지며
내 잔뼈 커가던 시절 굽이굽이 펼쳐드네.

멱 감고 호미 씻던 동구 밖 맑은 냇물
아마득한 광음 속을 감돌아 흘러와서
축축한 사연마저도 토막토막 늘여놓네.

허기를 졸라매고 바동거린 보리누름
숲이 짜는 적요 쪼며 소쩍새 구슬피 울고
설움이 사태진 골도 돌아보면 꽃밭이네.

– ≪시조사랑≫ 2017년 통권 제8호, 권두시

내 마음의 무궁화

[1]
느닷없는 돌개바람 온 산하를 뒤흔들고
이념의 말발굽이 순리마저 짓밟아도
찢기고 얼룩진 흰옷 파수하는 첨병이여.

외눈박이 철새 무리 분별없이 돌아치는
광란의 휘몰이에 얼어붙은 뿌리 깊이
묻어둔 불씨를 살려 피 끓이는 구도자여.

[2]
반목으로 벽을 쌓은 불신의 절정에서
매몰차게 희살 짓는 난기류를 물리치면
뒤틀린 가지 끝에도 새 움 돋아 푸르리.

이 어둠의 장막 너머 새벽닭 홰를 치면
숨 막히게 옥죄이는 조바심도 풀리려니
새 날빛 여울져오는 봄 마중을 나서야지.

– ≪PEN문학≫ 2017년 1·2호

천한(天寒)에 든다

매몰찬 바람 타고 흩날리는 눈발 속에
숨 막히게 감겨오는 고한(苦寒)을 뿌리치며
푸른 넋 오롯이 안고 부활하는 숨결소리.

삭막한 비탈에서 가지마다 하늘을 들고
휘감기는 고독을 체념 섞어 깨물다가
뼈저린 아픔을 삭여 눈꽃을 피우는 소리

시퍼렇게 날을 세워 살을 에는 칼바람이
풍설로 옹이진 상처 비정하게 후벼 파도
한사코 새물을 잣는 나무들의 맥박소리

– 2017년 1월 18일

눈 오는 밤에

풍설(風雪)의 밤 수은등은 먼 옛날도 비추나 보다
지게문에 아른아른 물레 도는 그림자랑
인종(忍從)의 실꾸리 감는 어머님이 보이느니.

눈길을 밟고 가듯 생각 하나 밟고 가면
눈을 인 청대 밭에 적막 뜯는 부엉이와
냉한(冷寒)이 겨운 오두막 축담 위의 날 만난다.

시련이 보배란들 품고 보면 설움인데
가난을 길들인 땅 반석 깔린 골목길을
오고 간 내 발자국이 새긴 듯이 또렷하다.

아리한 세월의 잔영 흩뿌리는 눈발 속에
중치막 펼쳐 넌 듯 허옇게 널린 내 유년
끝내는 아득히 묻혀 동면할 피안의 전설.

– ≪가람시학≫ 2013년 4호

예감(豫感) · 2

한 알 모래알에도
움이 탁 틀 것만 같다.

색색의 상모 쓰고
사물놀이 어우러진

새싹들
몸짓을 따라
산과 들도 우줄대고.

– 2008년 4월 2일

곡(曲) 없는 반가(返歌)

누군가,
사철 푸르고
흔들림 없다는 이는

단 한 번도 제 뜻대로
곧추서보지 못하고

무시로
풍향을 따라
휘청대다 굽어진 대를

― ≪새시대시조≫ 2008년 여름호

환(幻), 그리고 울림

나림(那林)* 선생 혼이 담긴
섬진강변 문학비가
밤이면 머리말에
뚜벅뚜벅 걸어와서
장엄한
지리산보다
더욱 높게 우뚝 선다.

『태양(太陽)에** 바래지면 역사(歷史)가 되고
월광(月光)에 물들면 신화(神話)가 된다.』

휘황하게 사무치는
이 명언(名言) 그 의미가
내 정신(精神)
안개 낀 벌판을
천둥으로 뒤흔든다.

– ≪해동문학≫ 2009년 가을호

---

* 註 那林 : 작가 이병주선생의 호.
** 『太陽에…』: 나림 선생의 문학비문에서 인용.

고향 서정 · 1

하동 양보 예성 동구 밖
섬바우 들길을 가면

너를 닮아 오동통한
찔레순도 날 반기고

자운영 꽃잎마다엔
그 옛날이 어리더구나.

쑥을 캐며 행여 누가
눈치라도 챌세라

곁눈질로 미소 주고
시침 떼던 분홍댕기

풀빛에 물든 향수를
그도 갖고 있으려나.

– ≪월간문학≫ 2008년 12월호

고향 서정 · 2

눈 쌓인 들판을 질러
흘러가는 시냇물은

오늘도 소리치며
내 회심을 흠뻑 적시고

대궁만 남은 들국화
찬 하늘을 휘젓는다.

설핏한 석양을 이고
논두렁길 가는 여인

한 시린 빙설(氷雪)로 덮인
애옥살이 설운 사연

아는 듯 쑥부쟁이도
마른 울음 울고 있다.

– ≪월간문학≫ 2008년 12월호

고향 서정 · 3
– 수선화

어릴 적 소꿉동무들
어디로 다 떠나고

정적(靜寂)이 실비에 젖어
더욱 호젓한 마당가에

휘휘한
적막을 터는
한 떨기 수선화여.

사철 바람을 안고
뒤란에서 속삭이던

댓잎이 풀어 놓은
그 풋풋한 사연들을

끝끝내
삭히고 삭혀
승화한 흰 넋이여

– ≪문학예술≫ 2009년 봄호

고향 서정 · 4

지난날 돌이키며
휘둘러 사방을 본다.

옛 모습은 간 곳 없고
온전한 건 영상(映像)뿐이다.

냇물도
길을 바꾸고
앞동산도 허물어지고

당산거리 느티나무도
대처로 떠났는가.

마을 앞 저수지는
메워져 놀이터 되고

아낙들
정을 퍼 담던
우물터엔 경운기가.

동네방네 어디서도
인기척 하나 없어

적막이 가득 쌓인
빈집들을 기웃거릴 때

잎 떨린
감나무만이
담 너머로 손을 내민다.

– ≪한다사≫ 2009년 3집

고향 서정·5

문득 듣고 싶다
색미투리 발자국 소리

'하이고 이 문딩아
이게 뉘고 얼매만고'

달려와
덥석 끌안고
글썽이던
순아,
그 말

— ≪문학하동≫ 2010년

고향 서정·6

흙 묻은 호미 놓고
땀 밴 웃옷 벗어 두고

느티나무 그늘에서
오수(午睡)에 깊이 든 이

꿈에선
어느 영토에
맹주로나 앉았을까.

– ≪문학하동≫ 2010년

고향 서정 · 7
– 새벽달

꽃이 피면 피나 보다
새가 울면 우나 보다

무심인 듯 초연인 듯
눈 길 한 번 안 주더니

웬일로
눈 쌓인 밤에
창안을 넘보는가.

– ≪문학하동≫ 2010년

고향 서정 · 8

참새 떼 재잘대는
동구 밖 들녘에는

승화한 땀방울들
금물결로 출렁이고

시름도
알알이 맺혀
노랗게 영글었다.

— 동구 밖

— ≪서울문학≫ 2011년 가을호

고향 서정 · 9

싸리꽃잎 떠 흐르는
지리산 속 맑은 여울

태고한 그 숨결로
열어 놓은 하동포구

은어 떼
펄펄 뛰노는
물결마저 은빛이다.

— 섬진강

– ≪시조문학≫ 2015년 겨울호

고향 서정·10

하늘에 뜬구름이 천왕봉을 닮은 날은
동구 밖 넘나드는 내 마음 한 갈피에
은물결 반짝거리는 섬진강이 굽이친다.

내 유년의 굴렁쇠가 굴러간 자국마다
고스란히 묻힌 내력 헤일수록 더 애틋한
향사(鄕思)는 연자방아로 회억을 죄 대끼고

언덕 위에 아지랑이 스멀대는 들녘에서
제비처럼 재잘대며 뛰놀던 개구쟁이들
나이테 늘어난 모습 유성처럼 스치느니

그윽한 숲에 깃든 산새처럼 살리라며
리라꽃을 노래하면 그 가락에 장단 맞춰
워낭도 신작로 길을 딸랑딸랑 오가고

– ≪한국작가≫ 2012년 봄호

제2부

예비(豫備)의 몸짓

잠시도 허송 않는다.
젊은 다람쥐 부부

천둥 번개를 먹고
더욱 검푸른 녹음 위로

눈보라
휘모는 계절
평안한 동면을 위해

버성긴 바위너설
틈새마다 살펴도 보고

이 저 나뭇가지
쉴 새 없이 오르내리며

진종일
발발거린다.
알밤 같은 꿈을 안고

– ≪새시대시조≫ 2007년 가을호 (1)

어머니 생각

떨어진 가랑잎을
밟고 가는 삶의 길섶

가느다란 거미줄에
매달린 이슬마다

그 모습
선연히 어려
방울방울 사무친다.

새하얀 억새꽃이
바람결에 흩어지면

환청으로 여운(餘韻)지는
절절한 그 음성에

산새도
끝내 못 참아
목이 메어 우닐고

– ≪시조미학≫ 2015년

어느 날 문득

아파트 앞 광장에 아이들 소리 왁자하다.
어린 동주 지현* 남매 목소리도 섞인 듯 해
창밖을 두루 살피며 귀를 바짝 기울인다.

정신없이 뛰놀다가도 쪼르르 달려와서
덥석 안겨 가진 응석 다 부리던 두 꽃사슴
별안간 반길 것만 같아 자릴 뜨지 못한다.

말조차 통하지 않는 이역만리 낯 선 땅에서
그 온갖 어려움을 어이 참고 견디는지
가없는 남쪽 하늘만 하염없이 바라본다.

— ≪새시대시조≫ 2007년 가을호

---

* 동주. 지현= 호주로 이주한 저자의 외손들

아내의 당부

문을 열고 나서다가 되돌아 들어와서
때 되면 굶지 말고 꼭 챙겨 먹으라네.
이제는 혼자 사는 법 연습해야 한다며

느닷없는 아내의 말 얼결에 받아 들고
밟아온 삶의 자국 하나 둘 되짚으며
남은 날 헤어도 보다 때 지난 줄 몰랐네.

다시 못 올 먼먼 길을 떠나는 길손처럼
침중한 심서에다 던지고 간 한 마디가
한밤 내 줄기를 뻗어 병두련(竝頭蓮)을 피웠네.

– ≪현대시조≫ 2011년 여름호

눈 오는 제야(除夜)에

바람 거친 비탈에서
덧없는 광음을 업고

아등바등 허덕이며
저물도록 쌓은 죄업

그 흔적
다 덮으려고
밤새도록 내리는가.

점지된 분복 밖의
허상에 목맨 탐욕

머리칼에 기생하는
비듬처럼 남은 미련

못다 턴
나목 한 그루
뒤척이는 동토(凍土)에

– ≪현대시조≫ 2011년 겨울호

겨울 해변에서

썰물 진 개펄 가득
널려 있는 얼음 조각들

갈라져 시린 사연
수천(水天) 밖에 흘려 놓고

쪼개진
살을 맞대어
희디흰 죄를 짓네.

매서운 세한에도
영혼은 숯 잉걸 같아

완벽한 구도를 깨고
통째 변한 모습으로

순정에
허기진 심회
굽이굽이 펼쳤네.

속 깊이 멍울진 아픔
해풍으로 쓰다듬어

표백한 밀어(蜜語)들로
속삭이는 비단조개들

두 마음
하나로 굳혀
새 우주를 열었네.

— ≪현대시조≫ 2011년 겨울호

청명절에

연초록 화신풍(花信風)이
꽃수레를 밀고 오면

풀꽃들 향연으로
온 산하가 들썩이고

죽순도
제철을 만나
하늘 높이 솟는다.

– 2013년 5월 12일

탄생의 순간

한 덩이 불잉걸이
동산 위에 불쑥 솟고

청순한 백모란은
망울 활짝 터트린다.

울 아기
첫울음소리
우렁우렁 퍼질 때.

– ≪시조문학≫ 2015년 겨울호

보라 꿈

한밤 내 실비로 와
속삭이는 귓속말에

수줍은 앙가슴을
가릴수록 부푼 망울

날 새자
봉황 꿈 깨어
놀라 터진 오동 꽃.

– 2017년 5월 15일

심회

적요의 한나절을
허랑히 다 보내고

마음이 허전하여
무작정 걷는다만

아쉬움
웃자란 길섶
뉘우침만 무성하다.

푸른 날빛 스치고 간
생애의 비탈에는

구름을 휘어잡은
백장미 꽃 대궁이

미망에
빠진 영혼을
추스르며 서 있고.

– ≪월간문학≫ 2016년 5월호

마른 꽃대

신들린 바람 앞에
버티어 온 그 결기로

꿈결에도 별을 캐던
이정(里程)을 되감으면

내 의지
꽃으로 피어
향기 물씬 풍길까.

— ≪월간문학≫ 2016년 5월호

바위 · 2

고독마저 황홀하게
사르는 석양빛을

늘 시린 가슴에다
모닥불로 지펴놓고

무상을
휘감고 앉아
그 아픔을 삭인다.

— ≪월간문학≫ 2016년 5월호

세계평화의 종 공원에서

피 맺힌 외마디로 어머니를 외쳐 부른
마지막 그 절규의 산울림도 멈춘 골짝
뜨겁게 젊음을 사르고 침묵하는 비목(碑木)이여.

이름 모를 병사(兵士)의 의지 못다 핀 채 산화한 혼
비원(悲願)의 이끼 돋아 더욱 슬픈 돌무덤에
도사려 사무친 증언 울어 예는 풀벌레여.

녹슨 철모 비껴쓰고 백골(白骨)로 굳은 입상(立像)
힘줄 선 팔을 뻗어 찢긴 산하(山河)를 껴안으면
기막힌 격전의 탄혈(彈穴)에 도라지꽃은 또 피련만.

평화의 종(鍾)마루에 자리 잡은 청동 비둘기
철조망을 넘나드는 갈망은 끝없는데
단절된 두 날개 이어 비상할 날은 언제인가.

— ≪자유문학≫ 2016년 100호

율곡산방 초(栗谷山房 抄)

속진에 찌든 일상
먼지 털 듯 훌훌 털고

골물에 별이 뜨는
숲 속에 터를 잡아

오붓한
부엉이 한 쌍
새 둥지를 틀었네.

까투리 산토끼가
오순도순 더불어 살고

상큼한 사과 향에
싸리꽃 발갛게 피면

풀벌레
울음에 놀라
알암 톡탁 버는 곳

숲이 짜는 산울림은
오롯한 적요를 깨고

손수 심은 과목들을
살붙인 양 섬기는 삶

느긋한
그 손길 따라
꽃이 피고 새가 운다.

– ≪시조사랑≫ 2012년 12월 창간호

소인 없는 엽서

해조음이 풀어 놓은
갯내 물씬 풍기는 섬

일상을 벗고 싶어
윽벼르다 찾았네만

고독이
염치도 없이
먼저 와서 부침(浮沈)하네.

난파한 이상(理想) 조각
표류해간 고해(苦海) 멀리

번뇌도 아린 뜻도
죄다 쓸어 던지네만

내 심혼
에운 이내(嵐)는
걷을 수가 없다네.

폭풍우 속 길을 잃고
날개 상한 철새처럼

절도(絕島)의 갯바위에
점 하나로 앉았네만

한사코
퍼덕거리며
비상을 꿈꾼다네.

– ≪PEN문학≫ 2013년 7 · 8월호

신 매화타령

세풍(世風)에 향(香)도 넋도
다 사윌 줄 알았다면

차라리 어느 산비탈
싸리로나 명(命)을 얻어

몹쓸 것
싹싹 쓸어낼
빗자루나 될 것을.

– ≪새시대시조≫ 2008년 여름호

눈 오는 4월에

연필로 쓴 심서(心緖) 접어
몰래 띄운 종이학이

아마득한 시공(時空) 밖을
기약 없이 맴돌다가

애틋한
물망초 엽신
조각조각 흩고 있다.

소쩍새 우는 밤에
네 별 내 별 서로 헤다

꽃이 피고 지는 사연
응시(凝視)하던 그 모습이

하늘 땅
자우룩 메워
미련인 양 겹쌓인다.

– ≪가람시학≫ 2013년 4호

조춘 소묘(早春 素描)

어둠을 무두질한
바람결에 실려 온다.

외지고 적막한 골
잔설을 밟고 나와

지심(地心)에
깊이 잠든 혼
일깨우는 요령소리

아픈 일월 마름질해
새 의지로 갈아입고

동토(凍土)를 녹이면서
들썩이는 만유(萬有)의 몸짓

뼈 시린
설한을 견딘
꽃눈들이 돋고 있다.

– ≪문학에스프리≫ 2016년 봄호

제3부

새해 벽두에

칠칠한 어둠을 뚫고
환한 얼굴로 오는 해여.

너와 내가 지켜야 할
이 백의의 영토 위에

겹도록
짙푸를 날은
어디쯤 오고 있는가.

— ≪새시대시조≫ 2008년 봄호

풀빛 단상(斷想)

누군가,
삼라만상을
청록으로 물들이고

꽃이란 꽃 죄다 피워
짐짓 암을 감추느라

화필도
물감도 없이
덧칠을 하는 이는

— ≪開花≫ 2009년 16호

들꽃 단상

폭염 장마 다 물린 숲
청량한 화음을 짜고

싸리구름 뜬 하늘에
고추잠자리 떼로 날면

꽃잎에
묻어 둔 속말
떨기떨기 피어난다.

웃자란 아쉬움엔
가을 물이 짙어오고

이슬 맺힌 풀잎들이
회억을 들추는 아침

한 무리
까치소리가
네 목청을 일깨운다.

– ≪문학춘추≫ 2015년 가을호

할미꽃

겨우내 눈바람에
에이는 삶 문지르며

따끈한 물 한 모금
마시지 못했어도

봄 들자
볕바른 언덕에
수굿하게 앉았네.

비둘기 구구 울어
짙어가는 푸름 속에

자정(慈情)으로 맺힌 설화(說話)
감싸 안은 애처로움

아릿한
애환을 삭여
꽃등을 켠 어머니 혼.

– ≪월간문학≫ 2010년 2월호

봄눈에 실린 예감

새록새록 눈이 내리고
몽환(夢幻)처럼 펼쳐진 아침

나목(裸木)들은 가지마다
백화(白花) 활짝 피웠다만

새싹들
움 트는 소리
어디선가 수런거린다.

차디찬 송뢰(松籟)소리에
산야(山野)도 허적(虛寂)을 앓고

황량(荒凉)한 천지간은
잔야(殘夜)처럼 어둑하다만

동토(凍土)를
뚫고 치솟는
몸짓들이 아른거린다.

– ≪계간문예≫ 2008년 봄호, ≪섬진시조≫ 2009년

고송 운(孤松 韻)

광풍도 잠이 들고
칠흑 어둠도 걷히고

뒤척이던 밤이 간 후
다시 열린 추청 아래

한 그루
겸허한 입상
아취 더욱 고담하다.

– ≪새시대시조≫ 2008년 봄호

겨울 담쟁이

뼛속을 파고드는
바람 드센 동토에서

가녀린 뿌리마저
눈 속에 파묻혀도

한 줄기
굳은 의지로
봄 마중을 채비한다.

– 미발표

바위섬

삿대도 노(櫓)도 없이
한바다에 점으로 앉아

철썩이는 해조음(海潮音)을
끈질기게 새김질하며

부침(浮沈)을
아랑곳 않는
너는 흡사 외로운 시객(詩客).

파도가 살을 깎고
해풍이 뼈를 후벼도

해원(海原)을 향한 열망
물비늘로 반짝이며

번뇌는
해심(海心)에 두고
묵상하는 사색가(思索家).

– ≪한국작가≫ 2016년 가을호

바위의 말

어쩌란 말이냐
정녕
바람 거센 비탈에서

줄 잘 타는 광대처럼
춤이라도 추란 말이냐

꿈쩍도 아니 하는 건
타고난 천성인 것을.

모르리.
약삭빠른
백여우, 카멜레온은

휘감는 모진 기류에
육신은 풍화해도

이끼 속 아픔을 묻고
침묵하는 그 속내를

– ≪PEN문학≫ 2009년 가을호

나팔꽃

화사한 매무새로
베란다에 나선 여인

남홍(藍紅)으로 물든 사연
잎새마다 펼쳐 들고

온종일
무성나팔만
허공 향해 불고 있다.

별밤이면 더욱 뻗는
인연의 질긴 줄기

미련스레 창밖으로
그윽한 눈길 주며

실바람
여린 기척에
옷자락을 여미고 있다.

― ≪문학춘추≫ 2015년 8·7호

한계령 단풍

생인손 보다 더한
망부한(亡夫恨)을 다스리며

돌이 된 사연 안고
고독을 씹는 청상(靑孀)

청산도
가슴을 뜯어
핏빛으로 울먹인다.

— ≪시조문학≫ 2011년 겨울호

하조대 해송(河趙臺 海松)

해풍은 밤낮없이
신념을 뒤흔들고

파도는 거품을 물고
지절(志節)을 헐뜯어도

해송은
세사를 잊고
바위섬에 홀로 섰다.

― ≪시조문학≫ 2011년 겨울호

아닌 밤중에

사방이 어둠에 잠겨
저승처럼 막막한 밤

땅덩이 몽땅 갈아
새 누리를 빚을 듯이

천둥은
맷돌 돌리고
번개는 칼춤 춘다.

번쩍이는 번개보다
더 강렬한 갈망들을

뜨고도 바로 못 보는
사시를 바로 잡나

섬뜩한
도끼날 섬광
소름 오싹 돋는다.

길 잃고 허둥대다
역리에 함몰된 반도

흔들리며 서성이는
바람의 그림자여.

어디쯤
새벽이 오나
온 산하가 들썩인다.

— ≪시조문학≫ 2012년 봄호

시정 점묘(市井 點描)

샅샅이 곪고 썩어
비리비리(非理鄙俚) 겨운 악취

소란한 흑백깃발
펄렁이는 난장판에

진어(眞魚)는
어딜 다 가고
잡어들만 굿을 치나.

입에 거품을 물고
파닥이는 저 꼴 좀 봐

낚시에 걸렸을 뿐
무슨 죄를 지었냐며

천망(天網)도
술수로 몰아
눈 흘기는 강도다리

– ≪시조문학≫ 2012년 봄호

갯가에서

썰물 진 개펄마냥
마음 밭이 허전하나

설핏한 석양 어린
먼 데 섬을 응시하며

넋 놓고
미동도 없이
우두커니 앉은 폐선

점점이 나는 물새
가물대는 수평선 밖

돛폭을 펄럭이며
방향타를 가늠하며

풍파를
헤쳐 온 시공
헤아리며 성찰하나.

영육 그 쓰라림이
얼마나 깊고 넓어

낡고 닳은 이물 위로
한 하늘 펼쳐 들고

섭리에
따른 업보를
묵언으로 읊고 있나

— ≪문학에스프리≫ 2012년 가을호

태안반도에서

– 기름유출 후경

무작한 기름독에
혼절한 어족들이

회생을 갈원(渴願)하는
몽산포의 초겨울 밤

이내 속
성난 풍파에
온 바다가 술렁인다.

진주알 고이 품은
명치끝을 뚜드리다

분사(憤死)한 조개껍질
쌓여 있는 해안가에

참아도
치미는 울화
등댓불로 깜박이고

– ≪계절문학≫ 2013년

가을에·1

목화구름 송이송이
허공(虛空)에 피고 지면

비탈길 되짚으며
시나브로 내려온다.

푸른 날
다 사르고도
남아 번지는 불길

휘어진 생가지 끝
타다 만 잎새 하나

투명한 청추(淸秋)의 품
두고 차마 떠날 수 없어

온몸에
무서리 덮고
찬바람을 견딘다.

— ≪시조세계≫ 2001년 겨울호

가을에 · 2

밤이면 무서리 치고
바람 끝이 싸늘하다

혹한을 예감한 산새
깃 떨구는 가지마다

황갈색
멍든 잎들은
부활의지를 다지고.

– ≪시조세계≫ 2001년 겨울호

제4부

비 오는 봄날에

연초록 새싹들이
뾰족뾰족 솟아나면

아마득한 여정 속에
덧쌓인 삶의 애환

덩달아
고갤 쳐든다.
망각의 틈 비집고

많은 날의 많은 얘기
되울려 가슴을 치는

바람이 부려 놓은
사연마다 맺힌 애증

촉촉이
실비에 젖어
은구슬로 반짝인다.

– ≪문화와 문학타임≫ 2016년 1월

때때로

눈 들면 창 너머엔
산이 빚은 만 평 정원

무시로 내 마음이
그 자락을 서성이면

철따라 피고 이우는
푸나무가 말을 건다.

바람결에 서걱대는
수풀에 정을 두면

꽃씨를 움켜쥔 꿈
화사하게 피어나고

고요를 밟는 발끝에
떨어지는 산새소리.

사는 일 다 잊은 양
침묵을 깔고 앉아

쌓이는 외로움을
온몸으로 받아 안고

초연히 삶을 누리는
그 산심을 닮고 싶다.

– ≪시조사랑≫ 2017년 통권 제8호

풍취(風趣)

아파트 발코니는
천혜의 작은 낙원(樂園)

성 다른 화초들이
오순도순 모여 살며

살뜰히
꽃을 피운다.
향기롭고 화사한 정(情)

– 2017년 3월

볼거리

한밤 내 실비 불러
속삭이며 지새운 산

목덜미에
쌓인 잔설
소롯이 다 녹이고

실안개
살포시 두르며
시침을 떼고 있네.

해와 달 가오는 길
경칩 다시 돌아들어

시린 살갗 뚫고 나와
도톰한 꽃눈마다

한가득
부푸는 마음
화신풍에 맡겼네. (2017년 3월)

초가을 점묘(點描)

알밤 줍는 어린 남매
재롱 겨워 웃는 부부

추청(秋晴) 아래 펼친 복락
오붓한 정에 취해

토실한
시어(詩語) 한 톨이
덩달아 뚜욱 진다.

— ≪한국작가≫ 2014년 가을호

해토머리 단상(斷想)

꽃잠 깨어 밖을 보다.
하늘빛이 한결 맑다.

푸나무 여린 싹들
기운차게 일어선다.

머잖아 산하는 온통
꽃 잔치로 들썩일 듯.

– ≪하동문학≫ 2014년

고소성에서

장엄한 지리 준령
성벽마냥 두른 요새(要塞)

전설에 뿌리 내린
돌이끼에 눈빛 주면

깨어진
나제동맹(羅濟同盟)의
파편들이 일어선다.

두꺼비 떼 등을 맞댄
강안(江岸)을 가로 질러

시공(時空)을 넘는 구름
잠든 혼 일깨워서

갈무린
역사의 증언
바람결에 흩고 있다.

— ≪하동문학≫ 2014년

봄앓이

이른 아침 새싹 끝에
방울방울 맺힌 진주(珍珠)

그 맑은 눈빛에 홀려
홍매(紅梅) 망울 살짝 벌면

나는 또
꿀벌이 되어
꽃부리를 파고든다.

– 2017년 4월 20일

아마도

먼 뭍을 사모하며
가물대는 고도마냥

안개너울 자락으로
얼굴을 가린 산봉

연초록
불길 번지는
봄꿈을 꾸나보다.

– 2017년 4월 20일

홍수 유감(洪水 有感)

밤을 이어 쏟는 비에
둑마저 무너지고

벌물이 크게 넘쳐
온 동네를 다 휩쓴다.

부패한
쓰레기더미
고스란히 남겨 두고

– 2017년 4월 20일

귀뚜리 우는 밤에

달빛에 서리꽃 피고
늦가을도 이우는 밤

한 잎 미련도 없이
죄다 버리는 나목처럼

훌훌 다
털고 싶어라,
심신에 묻은 죄업

까닭 없이 섭섭한 맘
귀뚜리 가락에 실어

낙엽이듯 흩뿌려도
도로 내려 겹쌓인다.

뭇별도
시름겨운가,
잠 못 들어 가물대고.

– ≪낙강≫ 2016년 39호

시공은 덧없어도

갈마들어 교차하는
광음(光陰)이사 덧없어도

한갓 애증의 조각
여울지는 시공(時空) 속에

살뜰히
꿈 한 채 얽어
무지개로 세웠어라.

— ≪낙강≫ 2016년 39호

의문

해는 왜 동에서 나와
서산너머로 지는 걸까

바람은 왜 형체도 없이
마음마저 흔드는 걸까

한 천년
살다가보면
알게 될까 그 연유를

– ≪낙강≫ 2016년 39호

핑계

쓸모 있는
몽당비 하나
갖지 못한 탓 아니랴

늦가을 허허벌판
저 황량한 공간 속을

썩은 것
죄다 쓸어서
메울 수가 없음은

— ≪시조세계≫ 2001년 겨울호

남강 가에서

촉석루 난간에 서면
일렁이는 임란(壬亂)의 잔영

더불어 순절(殉節) 못한
의암(義岩)은 말 없는데

붉은 넋
달랠 길 없어
영겁토록 울먹이는가.

망각(忘却)을 일깨우는
물소리에 귀를 열고

쓰라린 맘 추스르며
강심(江心)을 응시해도

눈물 밴
비사(秘史)의 얼룩
씻지 못해 출렁이는가.

장대(將臺)를 에워싸는
성곽 밑을 구비 돌아

그 아픔 침묵으로
증언하는 저 강물은

이 땅에
신명(神命)을 바친
흰옷들의 숨결인가.

— ≪시조사랑≫ 2016년 연간집

기다림

저수지도 바닥이 난
극심한 가뭄 속을

목 타는 삶 외면한 채
먹구름만 떠 흐른다.

몇 날을
더 참아야만
흠뻑 젖어 웃을까.

– ≪시조문학≫ 2015년 겨울호

목격 · 6

추수절(秋收節) 금빛 볏논을
트랙터가 뒤엎는다.

그 오기(傲氣)의 무쇠 덩이가
짓뭉개는 이랑마다

낱낱이
묻히고 만다.
하! 천하지대본(天下之大本)

— ≪시조세계≫ 2001년. 겨울호

목격 · 7

신림동 산 번지에
엎드린 판잣 집들

그 무슨 미련이 많아
찌든 남루 벗지 못하나

한밤 내
내리는 눈을
외투마냥 껴입고

– 2015년 겨울 미발표

제5부

들길에서

벼꽃이 흐드러진
논둑길을 걷노라면

옮기는 걸음마다
밟히는 옛 이야기

진초록
회억을 안고
포기마다 수런댄다.

— ≪시조문학≫ 2015년 겨울호

진풍경

입심 센 광대들이
제멋대로 우줄우줄

거리낌 한 점 없이
붕당붕당(朋黨朋黨) 활개 치며

갈수록
우스꽝스런
꼴불견을 펼친다.

진성(眞性)은 피서 가고
요지경만 남은 여름

폭염 장마 분탕질로
시름 깊은 이 산하에

말꼬리
물고 늘어진
가면들이 판을 친다.

호돌이

일찍이 산중왕도
혼겁하여 물러섰다는

전설의 그 곶감 보다
두렵고 더욱 황망하다.

끓다가
식으면 금시
잊고 마는 그 습성(習性)이

허공을 대지르는
주먹마다 불꽃이 튀고

이념의 촛불로 달군
용광로 보다 더 무섭다.

파란을
헤쳐 온 흰옷
마구 꾸기는 그 민질(民疾)이

— ≪계간문예≫ 2008년 봄호

1막 2장

음충맞은* 탈을 쓰고
능청 떠는 잡새들이

비정한 칼날 발톱
삭모(槊毛)** 끝에 감춰두고

해괴한
몸놀림으로
온 무대를 돌아친다.

착란한 바람에 쏠려
광란하는 망나니 패

그럴싸한 이름표로
본 모습을 가려놓고

---

* 음충맞다 : 엉큼하고 불량한데가 있다.

** 삭모(槊毛) : 기나 창 따위의 머리에 술이나 이삭 모양으로 만들어 다는 붉은 빛의 가는 털

흑심에
날개를 달아
날고뛰는 난장판.

– ≪계간문예≫ 2014년 봄호

허수아비 수상

비단옷 입었어도
본바탕은 짚 검불이

무시로 일렁이는
시류 타고 우쭐댄다.

잡새만
배를 채우고
떠나버린 논밭에서

서풍(西風)에 저린 벙거지
보란 듯 비껴쓰고

넘치는 금물결로
온몸을 씻는다 해도

신의 뜻
거를 수 없는
너는 천생 허상인 거.

뉘우침 부질없는
황량한 들녘에서

발자국 되짚으며
아쉬움에 목메어도

뜸부긴
울지 않는다.
구절초꽃 핀 계절을

― ≪시조문학≫ 2015년 겨울호

적적한 날

텅 빈 집안에 홀로
바장이는 낡은 바지

수염 끝에 매달리는
허전을 쓰다듬을 때

눈 오는
창밖엔 하마
땅거미가 구물댄다.

벅찬 나달이 박혀
삭지 않는 피멍울을

천부의 이바지 냥
고스란히 걸머지고

지나온
발자국마다
뉘우침만 그득한데.

빛바랜 낙엽으로
나뒹구는 온갖 사연

기억의 비탈길에
자우룩이 내려 앉아

진종일
무료 더불어
앙가슴만 두드린다.

– ≪계간문예≫ 2014년 봄호

모르긴 해도

산야엔 사시사철
그림신이 사나보다

봄이면 뉘도 몰래
연초록을 칠해 놓고

가을엔
황갈색 진경(珍景)
부시도록 그리느니.

시린 바람 희살 짓는
동한(冬寒)에도 붓을 들어

능선 위 검푸른 솔
흰옷 입혀 세워 두고

하늘 땅
가득한 설경(雪景)
소담하게 펼치느니

– ≪시조문학≫ 2015년 겨울호

허허! 참

뿅잎을 잠식하는
누에도 아닌 주제에

실없는 일흔 몇 해를
시나브로 갉아 먹고

남은 건
발자국마다
수북한 껍데기 뿐.

— ≪현대시조≫ 2011년 여름호

미련

골목길 토담을 끼고
가만히 걷노라면

눈물 밴 옷고름 물고
돌아선 가랑머리

풀어진
세월 한 주름
사려 안고 날 따른다.

— ≪시조세계≫ 2001년 겨울호

묘비명*

눈에 삼삼 아른거리는
생시 같은 당신 모습
들리는 듯 귀에 맴도는
그 목소리 너무 그리워
애달픈 가슴 위에다
십자가만 긋습니다.

생전에 못 다 한 말
당신과 함께 영원히
오직 이 한마디마저
이제는 전할 길 없어
회한 찬 심정을 안고
주님 앞에 섰습니다.

지난 세월에 얽힌 생각
실실이 풀어가다
잠결에 불러보아도
사무치는 이름이여

---

* 故人 : 咸光信(아내 최미자 딸 함형숙 아들 함준원)

주님의 품에서 고이
영생을 누리소서.

– ≪씨얼문학≫ 200년

송축 내산 박종혁 공 유업
(頌祝 內山 朴鍾爀 公 遺業)

장엄(莊嚴)한 성태봉(城台峯)의 짙푸른 솔바람도
고요히 흘러가는 고내천(古內川)의 물소리도
내산공(內山公) 크나큰 홍공(鴻功) 되새기며 노래하네.

일찍이 품은 큰 뜻 한 순간도 놓지 않고
안개 자욱한 연대(年代)의 거친 바람 헤치면서
한 생을 다 바친 웅지(雄志) 꽃으로 활짝 피었네.

가난한 이웃들을 피붙인 양 보살피며
못 배워 한이 맺힌 가슴마다 불을 지펴
까막눈 밝히신 훈업(勳業) 혜성처럼 반짝이고.

논밭을 아낌없이 신작로(新作路)에 희사(喜捨)하여
소달구지 오가던 길엔 차들이 석을 달리고
끌어온 전깃불보다 그 공덕(功德)이 더 빛나네.

칠흑(漆黑) 어둠 짙던 밤도 대낮처럼 환한 동네
원근(遠近)의 궁금한 소식 금속성(金屬聲)이 실어 나르고
성근 땅 외진 골짝이 영지(領地)로 탈바꿈했네.

외풍(外風)에 흔들리는 우리 것이 안타까워
조선의 얼이 스민 가락을 되살리며
혼신(魂神)을 다하신 정성(精誠) 맥맥히 찬연하리.

– 內山遺痕

빛, 그리고 울림

– 만은 김종원 교장 정년퇴임에 부쳐

계절바람 불어와서 나뭇잎은 떨어져도
정성 다해 가꾸어 온 푸른 날의 가지 끝엔
풍성한 보람의 열매 부시도록 빛납니다.

오로지 한 뜻으로 육영의 길 걸으면서
어리고 여린 나무 동량재로 키운 위업
사방을 환히 밝히는 불멸의 등불입니다.

뜨거운 열정으로 영혼에 불을 지펴
감성의 붓끝으로 곱게 빚은 시문들은
만 가슴 어루만지는 북소리로 울립니다.

감(感), 그리고 소망(素望)

– 여강의 물결 10주년에 붙여

1.
무시로 붓을 드는 그대의 심장에서
은은한 징소리로 흰옷의 맥이 뛰고
무상한 삶을 비추는 다면경(多面鏡)을 보느니

혼신을 다해 빚어 갈피갈피 배인 숨결
실조(失調)한 모국어를 갈고 닦는 그 열정에
갈수록 마르는 세정 함초롬히 젖느니

2.
쌓이는 나이테를 켜켜이 휘어 감고
잠룡의 몸짓으로 황야를 누비면서
혼탁한 세사 헹구며 출렁이는 강물아

습하고 외진 골짝 그늘진 비탈에도
살가운 매무새로 서정을 꽃피우고
영겁에 운율을 실어 줄기차게 흘러라

변함없는 금산

– 頌祝 金山 朴相文 詞伯 古稀

풀 나무는 계절 따라 빛깔을 달리하지만
한결같은 본색(本色)으로 일흔 해를 경영(經營)하며
속 깊이 재지(才智)를 품은 금산은 천생 묵객(墨客).

사념(思念)의 묵즙(墨汁)으로 시서(詩書)를 꽃피우며
푸르게만 다스려 알알이 보람찬 삶
넉넉한 희년(稀年)에 비긴 석양빛도 찬연(爛然)하다.

– 『박상문 고희 시집』

물빛 찬란한 강가에서

– 如江 元容宇 博士 傘壽頌

치악산(雉岳山) 영봉 아래
갈래진 골을 따라
줄기찬 개여울로
끊임없이 흘러넘치는
그 심서(心緖) 정형에 담아
현(絃)을 켜는 여강(如江)이여.

천년을 굽이쳐 온
운곡(耘谷)*의 정기 받아
흰옷의 고운 숨결
심혈 쏟아 윤을 내며
한 생을 대껴온 정혼(精魂)
금물결로 출렁인다.

일찍이 받든 소명
훈육(訓育)으로 꽃 피우고
서정의 비단을 짜는
황혼 빛에 물든 은발(銀髮)

---

* 운곡(耘谷) : 고려말(高麗末)의 은사 원천석(元天錫)의 아호

한 무리 백조도 훨훨
수(壽)를 송(頌)하며 깃을 친다.

—『팔순기념문집』

청아(淸雅)한 울림의 향기(香氣)

– 故 月荷 金德順 先生을 追慕하며

선학(仙鶴)의 모습으로 옷깃을 여미시고
겨레의 혼(魂)을 실어 부르는 가락마다
유장(悠長)한 청사를 질러 여울지던 성음(聲音)이여.

인고(忍苦)의 아픔 안고 칠십여 년 한 생애(生涯)를
흰옷에 묻은 애환(哀歡) 득음(得音)으로 문지르며
절절히 음율(音律)을 엮어 영원(永遠)을 튼 울림이여.

국악(國樂)의 모든 갈래 죄다 품어 어르면서
말로는 풀지 못할 인간사(人間事) 뭇 사연(事緣)을
더 없이 맑은 소리로 노래하던 가선(歌仙)이여.

– 2017년 5월 4일

■ 해설

여든의 강가에 핀 여든 여덟 송이 매화
단아, 장중, 절제의 시학(詩學)

대구시조시인협회 회장 **리 강 룡**

1. 프롤로그

일상(一常) 김광수 선생이 88수의 작품을 묶어 세상에 내어놓습니다. 사람이 이승에 와서 여든 해, 다시 한 사람의 시인으로 서서 마흔 해가 훌쩍 넘도록 오직 외줄 타기 인생으로 살아간다는 것은, 살아갈 수 있다는 것은 참으로 경하할 일입니다. 인생의 황혼녘에 쏟아낸 구슬들을 숙연한 마음으로 대합니다. 어느 한 편도 그냥 섣불리 읽을 수 없습니다. 작품들 하나하나가 다가와 가슴을 흔듭니다. 더구나 최근에 와서 선생의 건강이 좋지 않다는 소식과 함께 보내오신 원고라 한 작품 한 작품을 예사로 읽어 넘길 수가 없습니다.

필자의 짧은 필력을 누구보다도 스스로가 잘 알고 있기에 극구 사양했으나 한 번 결정하신 뜻을 물리지 못하고 책의 말미를 담당하기로

하였습니다. 선생의 심원한 작품 세계를 잘못 짚을까 저어하는 마음입니다. 생각 끝에 평설보다 해설 쪽을 선택하기로 하였습니다. 평설은 시인의 본 영역이 아닐 뿐 아니라 무엇보다도 격에 맞지 않다는 감이 들기 때문이고, 해설 쪽이 독자에게 도움이 되리라는 결론에 이르게 되었기 때문입니다.

시집의 순서를 생각지 아니하고 88수의 작품을 주제별로 나누어 본다면 대체로 다섯 등분할 수 있을 것 같습니다.

첫째로는 선생의 추억 속에 자리 잡고 있는 고향의 풍경과 그 속에서 함께 뛰놀던 그리운 사람들에 관한 이야기가 있고,

둘째는 선생의 가족과 이웃 그리고 외연을 확대하여 조국에 대한 절절한 심사(心思)를 시적 시각(視覺)으로 응시한 작품들이 있습니다.

셋째는 '조국에 대한 애정'이란 출발점은 같으나 시대의 지성으로서 바라보는 사뭇 비판적인 작품 또한 적지 않습니다. 움직이지 않는 지성은 시체라는 말이 있습니다. 전쟁을 겪어보지 못한 세대가 국가의 지도자들로 등장하면서 그들에 대한 섭섭함, 국가안보에 대한 아슬아슬함이 때로는 여과 없는 걱정으로 나타나 있습니다. 시인의 문학 지향점이야 철저하게 자유입니다. 국가와 사회야 어디로 흘러가든 관계하지 아니하고 오직 순수문학만 지향해 나가겠다는 태도 또한 전혀 나무랄 일이 아닙니다. 그러나 시인 또한 같은 시대를 살아가는 한 사람의 생활인으로서, 더욱이 지구상 유일하게 극심한 이념의 대치로 인하여 국토가 동강난 분단국의 국민으로서 '현실은 오불

관언(吾不關焉)'이란 문학관에는 쉽게 동의하기 어려운 것 또한 부정할 수 없는 현실입니다.

넷째로는 변화하는 계절감을 시적 안목으로 갈무리한 시편들입니다. 이런 작품들은 누구에게서나 볼 수 있는 보편적 소재의 적용이겠지만, 그 속에서도 선생만의 독특한 눈을 읽을 수가 있습니다.

끝으로 생활 속에서 사색의 깊이를 더해간 모습을 쓴 시편들이 있습니다. 역사와 인생, 덧없는 세월 앞에서 육체가 노쇠해 가는 것은 누구도 피해 갈 수 없는 일이지만 나이테가 쌓이는 만큼 심오한 깨달음의 세계를 시편으로 갈무리할 수 있다는 것은 참으로 소중한 일입니다.

2. 하동, 예성, 섬바우 그리고 섬진강

시집의 문을 열면 먼저 독자를 맞는 것은 시인의 아련한 고향 풍경입니다. 여든이 된 지금까지 말만 들어도 시인의 가슴을 뛰게 하는 고향은 어디던가. 하동 땅 양보면 지례리 예동이란 산 높고 물 맑은 전형적인 전원마을입니다. 싸리꽃잎 떠 흐르는/지리산 속 맑은 여울//태고한 그 숨결로/열어 놓은 하동포구//은어 떼/펄펄 뛰노는/(「고향 서정(9)」) 섬진강변입니다. 그 강변 '섬바우 들길을 가면' 거기에는 '오동통' 살이 오른 찔레순이 자라고 '자운영꽃'이 피는 아련한 들길에 시인의 '풀빛 물든 향수'의 주인공 '분홍댕기'가 팔랑거리고 있습니다. 자리를 옮겨 '골목길 토담을 끼고' 걸어도 역시 '눈물 밴 옷그름 물고' 돌아서던 가랑머리가 있습니다. 고향은 누구의 가슴에나 들아

가고 싶은 추억의 풍경화이겠지만, '하늘에 뜬 구름이 천왕봉을 닮은' 것 같이 보이기만 해도 시인의 가슴에는 섬진강 은물결이 반짝이고 있습니다.

하늘에 뜬구름이 천왕봉을 닮은 날은
동구 밖 넘나드는 내 마음 한 갈피에
은물결 반짝거리는 섬진강이 굽이친다.

- 「고향 서정(10)」, 1/4 -

하동 양보 예성 동구 밖/섬바우 들길을 가면
너를 닮아 오동통한/찔레순도 날 반기고
자운영 꽃잎마다엔/그 옛날이 어리더구나.

쑥을 캐며 행여 누가/눈치라도 챌세라
곁눈질로 미소 주고/시침 떼던 분홍댕기
풀빛에 물든 향수를/그도 갖고 있으려나.

- 「고향 서정(1)」, 전문 -

골목길 토담을 끼고/가만히 걷노라면
눈물 밴 옷고름 물고/돌아선 가랑머리
풀어진/세월 한 주름/사려 안고 날 따른다.

- 「미련」, 전문 -

고향에 대한 미련은 계속됩니다. 눈 내리는 밤에도 향수 병(病)은 도져서 시인은 또 유년의 강변으로 시간 여행을 떠나고 있습니다. '가난을 길들인 땅 반석 깔린 골목길'이 일어서고 그 길에 찍힌 자신의 발자국을 생생하게 떠올리고 있습니다. 일제 말기의 가혹한 수탈과 광복 후의 혼돈기를 거치면서, 더러는 하기 좋은 말로 '시련도 보배'라고들 하기도 하지만, 헐벗고 굶주렸던 시대, 초가집 사이로 난 구불구불한 골목길은 분명 고달픔의 현장이요, 바닥에 바윗돌이 제 모습 그대로 깔려 있는 그 공간은 설움이 본질입니다. 눈 내리는 밤이면 '가난을 길들인 땅 반석 깔린 골목길'에 선명하게 찍힌 유년의 그 발자국을 보고 있습니다.

> 시련이 보배란들 품고 보면 설움인데
> 가난을 길들인 땅 반석 깔린 골목길을
> 오고 간 내 발자국이 새긴 듯이 또렷하다.
>
> -「눈 오는 밤에」, 3/4, -

그러나 고향이 아무리 설움의 땅이라 할지라도 거기는 소중한 꿈이 자라고 잔뼈가 굵어온 현장이기에 돌아보면 항상 애틋함이 뭉클뭉클 솟아오르는 곳입니다. 그래서 거기는 다른 산천이 도저히 가질 수 없는 산냄새, 물냄새, 흙냄새 그리고 무엇보다 속속들이 녹아 있는 정겨운 사람냄새가 이 세상의 어떤 절경(絶景)으로도 대체할 수 없게 하는 것입니다.

포근하고 애틋한 유년의 강변에서 산책을 즐기다가 문득 현실로 돌아온 허전한 그림도 있습니다.

고샅길 어디에도 말 섞을 이 하나 없다
수풀이 부려 놓은 적요만이 사는 동네
그림 속 전설로 앉은 실낙원이 여기던가.

깊은 골 깊은 밤을 뒤척이며 지새는 별
산 보다 더 큰 회한 어둠 속에 내려놔도
순 죄업 벗을 길 없어 시리도록 빛나는가.

-「산마을에서」, 1/4, 4/4 -

동네방네 어디서도/인기척 하나 없어
적막이 가득 쌓인/빈집들을 기웃거릴 때
잎 떨린/감나무만이/담 너머로 손을 내민다.

-「고향 서정(4)」, 3/3 -

이런 풍경은 시인의 고향만은 아닐 것입니다. 현대 문명이 발달하면서 인구의 도시 집중화 현상이 지속되면서 농어촌의 공동화 현상(空洞化現象)은 더욱 심화되고 있습니다. '동네방네 어디서도/인기척 하나 없어//적막이 가득 쌓인/빈집들을 기웃거릴 때//잎 떨린/감나무만이/담 너머로 손을 내/'미는 쓸쓸한 그림은 이 시대가 치유해야 할 국가적인 질병이기도 합니다. 수풀이 부려 놓은 적요만이 사는 동네의 골목길을 걸으면, 복작거리며 재잘거리며 근심걱정 없이 뛰놀던 그 길은 분명 그림 속에서 전설로나 앉은 실낙원(失樂園)의 현장입니다.

3. 가족, 이웃, 조국

시상의 외연(外延)이 확장된 시편들을 볼 수 있습니다. 어머니와 아내, 그리고 외손자 등에 대한 가정적 애정으로부터 은유적으로 표현된 이웃과의 화목, 나아가 조국의 안녕을 기원하는 시편들입니다. 어머니와 외손자라는 혈육으로부터 시작하여 아내, 그리고 조국을 향한 시편들에서는 한결같은 애틋함의 시학(詩學)을 읽습니다.

떨어진 가랑잎을/밟고 가는 삶의 길섶
가느다란 거미줄에/매달린 이슬마다
그 모습/선연히 어려/방울방울 사무친다.

새하얀 억새꽃이/바람결에 흩어지면
환청으로 여운지는/절절한 그 음성에
산새도/끝내 못 참아/목이 메어 우닐고

-「어머니 생각」, 전문 -

문을 열고 나서다가 되돌아 들어와서
때 되면 굶지 말고 꼭 챙겨 먹으라네
이제는 혼자 사는 법 연습해야 한다며

다시 못 올 먼먼 길을 떠나는 길손처럼
침중한 심서에다 던지고 간 한 마디가
한밤 내 줄기를 뻗어 병두련(竝頭蓮)을 피웠네.

- 「아내의 당부」, 1/3, 3/3 -

아파트 앞 광장에 아이들 소리 왁자하다.
어린 동주 지현 남매 목소리도 섞인 듯해
창밖을 두루 살피며 귀를 바짝 기울인다.

- 「어느 날 문득」, 1/3 -

세상을 살아가면서 소중한 사람들이야 많을 것입니다. 그 중에서도 이 땅에 태어나면서부터 인연의 끈으로 이어진 소중한 사람들이 있습니다. 자신을 인간이란 유기체로 존재하게 한 부모님을 비롯하여 수많은 사람들 가운데서 가려 뽑아 인연의 사람이 된 아내, 그리고 그 인연으로 인해서 태어나는 후손이 그들입니다. 그 중에서도 어머니란 세 글자는 듣기만 하여도 가슴이 뭉클해지는 것은 동서고금이 다를 바 없습니다. 작품 속에도 어머니와 아내 그리고 멀리 보내 놓고 그리워하는 딸네와 외손에 관한 애틋함이 잡히고 있습니다.

가신 어머니에 대한 그리움이야 누군들 없겠습니까만, 손자까지 둔 팔순의 시인도 어머니에 대한 생각은 사뭇 절절합니다. "새하얀 억새꽃이/바람결에 흩어지"는 것만 보아도 그 속에서 어머니의 음성을 환청(幻聽)으로 듣고 있습니다.

어머니가 가시고 나면 평생에 의지가 되는 여인은 아무래도 아내일 것입니다. 나이 들면서 기억과 오감이 모두 흐릿해질수록 반려자는 더 없이 소중한 사람입니다. 아내가 "문을 열고 나서다가 되돌아 들어와//때 되면 굶지 말고 꼭 챙겨 먹으라"라면서 이제는 혼자 사는 법도 연습해야 한다고 당부합니다. 이런 작품은 노년의 세월을 살아보지 않은 사람들은 그냥 지나쳐 버릴 수도 있습니다. 그러나 주변의 친구들이나 반려자까지도 서서히 곁을 떠나는 노년기, 하루에도 몇 번씩 떠남 또는 이별에 관한 생각을 하게 되는 세대라면 실감 있게 다가오는 시편입니다. 한 쪽을 측은하게 돌아보고 걱정하는 아내의 말이 인생의 황혼기에 닿은 부부의 정을 곱게 물들이고 있습니다.

> 아파트 발코니는/천혜의 작은 낙원(樂園)
> 성 다른 화초들이/오순도순 모여 살며
> 살뜰히/꽃을 피운다./향기롭고 화사한 정(情)
>
> - 「풍취(風趣)」, 전문 -

그냥 지나쳐 보기엔 아파트 발코니에 만들어 놓은 꽃밭을 노래하고 있는 것처럼 보이나 이웃과의 생활에서 '성 다른 화초들이/오순도순 모여 살' 듯, '향기롭고 화사한 정'을 나누며 살아가고자 하는 시인의 갈망이 묻어 있습니다. 따지고 보면 현대인은 얼마나 살벌한 삶을 살아가고 있습니까. 위층과 아래층이 소음 문제로 다투다가 급기야는 소송 내지 인명 손상에까지 이르는 세상입니다. 바로 옆집이나 아래 위층에 살면서도 그들이 누구인지 무엇을 하고 사는 사람들인지 알려고 하지도 않고 관심도 기울이지 않고, 그렇게 살아도 불편함을 느끼지도 않는 현대인들입니다. 불신과 무관심의 세상, 가족끼리도 화합하지 못하면서 어떻게 이웃을 사랑하겠으며, 가까이 있는 이웃도 보듬지 못하면서 어떻게 나라와 겨레를 사랑할 수 있겠습니까.

반목으로 벽을 쌓은 불신의 절정에서
매몰차게 희살 짓는 난기류를 물리치면
뒤틀린 가지 끝에도 새 움 돋아 푸르리.

이 어둠의 장막 너머 새벽닭 홰를 치면
숨 막히게 옥죄이는 조바심도 풀리려니
새 날빛 여울져오는 봄 마중을 나서야지.

- 「내 마음의 무궁화」, 3/4 - 4/4 -

피 맺힌 외마디로 어머니를 외쳐 부른
마지막 그 절규의 산울림도 멈춘 골짝
뜨겁게 젊음을 사르고 침묵하는 비목(碑木)이여

이름 모를 병사(兵士)의 의지 못다 핀 채 산화한 혼
비원(悲願)의 이끼 돋아 더욱 슬픈 돌무덤에
도사려 사무친 증언 울어 예는 풀벌레여

- 「세계평화의 종 공원에서」,1/4 , 2/4 -

외연은 더욱 확대되어 조국애의 경지까지 나아갑니다. 시인은 지금 '반목으로 벽을 쌓은 불신의 절정'을 딛고 '어둠의 장막 너머 새벽닭'이 홰를 치는 세상을 갈망하고 있습니다. 뒤틀린 가지 끝에도 새움 돋아 푸르른 계절이 오는 뽀오얀 봄 길을 상정하고 마중 나갈 채비를 하고 있습니다. 「세계평화의 종 공원에서」도 '침묵하는 비목(碑木)'과 '울어 예는 풀벌레'에 의탁한 시인의 천 근 비원(悲願)이 독자의 가슴을 울리고 있습니다. /피 맺힌 외마디로 어머니를 외쳐 부른// 마지막 그 절규의 산울림도 멈춘 골짝//뜨겁게 젊음을 사르고 침묵하는 비목(碑木)//앞에서 우리들 산 자는 지금 무엇을 하고 있습니까. 이름 모를 병사는 저렇게 말없는 돌무덤 속에 누워 있고, 풀벌레도 울음으로 그들의 사무친 한을 증언하고 있는데, 정작 그 혜택으로 오늘을 평화 속에 살고 있는 우리들의 모습은 어떠한지 시인은 뜨거운 가슴으로 되물어 오고 있습니다.

4. 시국의 칼, 시인의 붓

일상(一常) 시인처럼 일제 말기로부터 현재까지 살아오는 사람들은 대한민국의 가장 숨찬 시대를 몸으로 부딪치며 살아온 세대입니다. 시집의 서두를 여는 '고향 서정'에서도 보듯이 초근목피로 목숨을 이어 오던 농경사회 시대로부터 시작하여 산업화 시대, 그리고 오늘의 지식 정보화 시대에 세계 10대 경제 교역국으로서 역동적 대한민국에 이르기까지의 현장을 한꺼번에 다 경험한 세대입니다.

그러면서 한편으로 자유민주주의와 사회주의의 극심한 이념적 대립으로 국토가 피로 물들고 마침내 두 동강이 나는 몸서리치는 현장을 몸으로 체험한 세대입니다. 어느 세대보다도 사회주의라 하면 증오의 불길이 활활 타오르는 세대입니다. 그런 눈으로 지금 세대의 모습을 바라보면 참으로 조마조마할 따름일 것입니다. 과연 저들도 우리와 같은 생각을 할 것이란 전제 아래 함께 호흡해도 괜찮을 것이며, 저들의 인권탄압과 전쟁놀이를 징계하는 데 앞장서야 할 우리가 오히려 국제 사회와 엇박자를 놓는 모험을 감행해도 될 것인가? 경제는 이렇게 굴러가도 열강과의 각축전에서 또다시 뒤처지지는 않을 것인가? 더욱이 시인들은 '표현의 자유'라는 최고의 가치를 무기로 사회주의 쪽의 손을 막무가내로 들어주어도 괜찮을 것인가?

문학적 승화 없이 구호에 가까운 글을 시라는 이름을 빌려 발달한 인터넷 망에 올려놓아 무차별적으로 돌아다니게 해도, 자유민주주의의 가치를 지켜 나가는 데 걸림돌이 되지 않을 것인가? 이렇게 가도

과연 우리가 먼 후세에 자랑스런 선조로 남을 수 있을 것인가? 수많은 의문부호들이 앞을 가로막아 머리를 어지럽게 하고 있는 현실입니다.

모름지기 참여시는 어느 시대건 존재해 왔고, 또 존재해 가야 합니다. 다만 남북이 이념으로 대치하여 유일하게 분단국가로 남은 우리도 무한정의 평화를 구가하는 나라들과 동일하게 표현의 자유를 만끽해도 좋을 것인지에 대하여 의문부호를 달고 있는 것이 가혹한 시대를 살아온 세대의 생각인 것입니다.

사방이 어둠에 잠겨/저승처럼 막막한 밤
땅덩이 몽땅 갈아/새 누리를 빚을 듯이
천둥은/맷돌 돌리고/번개는 칼춤 춘다.

번쩍이는 번개보다/더 강렬한 갈망들을
뜨고도 바로 못 보는/사시를 바로 잡나
섬뜩한/도끼날 섬광/소름 오싹 돋는다.

길 잃고 허둥대다/역리에 함몰된 반도
흔들리며 서성이는/바람의 그림자여
어디쯤/새벽이 오나/온 산하가 들썩인다.

-「아닌 밤중에」, 전문 -

전부가 다 그런 것은 아니지만 지금까지 나라를 이끌어 온 부류의 사람들 가운데 상당수는 차라리 없었던 것이 나은 것으로 판명난 지 오래입니다. 필요할 때면 국민들을 상전 같이 받들지만 행동은 언제나'갑'입니다. 입으로는 간도 쓸개도 다 빼어줄 것 같지만 자기들이 챙길 잇속은 고물 하나도 남기지 않습니다.

금방 새 세상을 만들어 천국 같은 나라에서 살게 해 주겠다고 야단법석이지만 정작 그 말에 책임지는 사람은 보이지 않습니다. 끊임없이 싸움판을 벌여놓고 밤을 새는 것 같지만 돌아서면 자기네들끼리의 배를 채우는 데만 의기 투합했습니다.

'땅덩이 몽땅 갈아/새 누리를 빚을 듯이' 설쳐대지만 결국은 '길 잃고 허둥대다/역리에 함몰된 반도'를 만들어 놓은 저들은 지도자는커녕 시정의 꾼들보다도 못합니다. '진어(眞魚)는/어딜 다 가고/잡어들만 굿을 치//'는 난장판입니다.

삳삳이 곪고 썩어/비리비리(非理鄙俚) 겨운 악취
소란한 흑백깃발/펄렁이는 난장판에
진어(眞魚)는/어딜 다 가고/잡어들만 굿을 치나

입에 거품을 물고/파닥이는 저 꼴 좀 봐
낚시에 걸렸을 뿐/무슨 죄를 지었냐며
천망(天網)도/술수로 몰아/눈 흘기는 강도다리

- 「시정 점묘(市井 點描)」, 전문 -

자리가 높을수록 '비리비리(非理鄙俚) 겨운 악취'가 코를 막게 하고, 국익과 민생은 간 곳 없고 밤낮으로 흑백의 깃발 아래 모여서 '저 분은 내 편, 저놈은 네 편'을 가리느라 여념이 없습니다. 그러다가 더러 만천하에 비리가 드러나면 '낚시에 걸렸을 뿐/내가 무슨 죄를 지었냐'며 반성은커녕 장황한 변명으로 날밤을 샙니다. 상대방의 티는 침소봉대하여 송곳으로 찌르다가도 정작 자신의 들보가 드러나면 저들과는 질이 다르다며 온갖 변명으로 호도하는 모습이 안쓰럽기 그지없습니다. 보아주기 역겨운 풍경이지만 어쩔 수 없는 현실이 안타까울 뿐입니다.

입심 센 광대들이/제멋대로 우줄우줄
거리낌 한 점 없이/붕당붕당(朋黨朋黨) 활개 치며
갈수록/우스꽝스런/꼴불견을 펼친다.

진성(眞性)은 피서 가고/요지경만 남은 여름
폭염 장마 분탕질로/시름 깊은 이 산하에
말꼬리/물고 늘어진/가면들이 판을 친다.

-「진풍경」, 전문 -

결국 이겨서 뽐내는 배우는 '입심 센 광대'입니다. 싸움에서 이긴 광대는 두꺼운 가면을 쓰고 거리낌 한 점 없이/붕당붕당(朋黨朋黨)을 만들어 자기네들끼리 활개 치며, 갈수록 우스꽝스런 꼴불견을 펼치

다가 몇 년 지나면 처참한 꼴로 무대 뒤로 사라져 가는 악순환을 되풀이하고 있습니다. 고래 싸움에 새우 등 터진다는 말이 있지만, 고래도 고래 같지 않은 얼간이 고래들의 싸움에 죄 없는 새우들의 등만 터지고 있습니다. 가면들이 판을 치는 대한민국의 현실이 만들어 가는 미래가 어떤 모습일지 아슬아슬할 뿐입니다.

음충맞은 탈을 쓰고/능청 떠는 잡새들이
비정한 칼날 발톱/삭모(槊毛) 끝에 감춰두고
해괴한/몸놀림으로/온 무대를 돌아친다.

착란한 바람에 쏠려/광란하는 망나니 패
그럴싸한 이름표로/본 모습을 가려놓고
흑심에/날개를 달아/날고뛰는 난장판

- 「1막 2장」, 전문 -

그렇습니다. 현대의 대한민국은 정말 미래를 바라보기가 두렵도록 혼란스럽습니다. 이미 서구 열강 몇 나라가 나랏돈을 제 주머니의 돈처럼 여기며 포퓰리즘에 편승하여 인기몰이를 하다가 마침내 나락으로 떨어져 나가는 것을 보고도 저들은 일부러 그 현상에 대하여 눈과 귀를 막는 것 같습니다. 눈앞의 인기에 고무되어 무상 행진곡을 불러대는 모양새는 하나의 예에 불과합니다. “광란하는 망나니 패/와/능청 떠는 잡새들이/해괴한/몸놀림으로/온 무대를 돌아치고” 다니니 난장판이 따로 없다는 시인의 생각에 동의하지 않을 수 없습니다. 이 나라의 안보를 반석 위에 올려놓고, 경제를 회생 시켜 미래의 대한민국을 탄탄대로 위에서 달리게 할 '백마 탄 손님'은 어디쯤 오고 있는 것인지, 오고 있기는 하는 것인지.

비단옷 입었어도/본바탕은 짚 검불이
무시로 일렁이는/시류 타고 우쭐댄다.
잡새만/배를 채우고/떠나버린 논밭에서

서풍(西風)에 저린 벙거지/보란 듯 비껴쓰고
넘치는 금물결로/온몸을 씻는다 해도
신의 뜻/거를 수 없는/너는 천생 허상인 거

뉘우침 부질없는/황량한 들녘에서
발자국 되짚으며/아쉬움에 목메어도
뜸부긴/울지 않는다. 구절초꽃 핀 계절을

- 「허수아비 수상」, 전문 -

'허수아비'의 본의(本意)는 무엇이며 '잡새'의 본의는 무엇이겠습니까. 우리가 살고 있는 한반도는 불과 반세기 전만 하여도 지구상에서 가장 빈한했던 나라, 가장 절망적인 나라였습니다. 그 동안 허리띠 졸라매고 이를 악물고 악전고투 끝에 마침내 OECD 회원국이 되고,

국고에 외화가 쌓이게 되어 이제 겉으로는 비단옷을 입은 것처럼 보이게 되었습니다. 하더라도 속을 들여다보면 아직 산 같은 빚더미에 허리가 휘는 빈 강정이요, 먼지 풀풀 나는 '짚 검불'로 가득 차 있습니다. 이 땅이 어떤 땅인데 잡새들이 모여 남은 알맹이까지 다 쪼아 먹으며 배를 채우고 희희낙락 하다가 떠나는 순간이 오도록 버려둘 수는 없습니다. 처절한 반성 없이 뜸부기도 울지 않는 구절초 꽃 핀 계절을 살아가기를 지속해 나간다면 우리의 앞에 또 어떤 새로운 시련이 기다리고 있을지는 아무도 알 수 없는 노릇입니다.

5. 자연, 그 미적 성찰법(省察法)

시조의 줄기를 잡고 올라가면 그 명칭부터가 시절가(時節歌)에서 출발합니다. 우리의 선조들은 시절의 바뀜에 자신이 처한 현실을 접목하여 시조라는 문학적 틀에 얹었습니다. 윤선도의 「오우가」나 황진이의 「동짓달」을 비롯한 고래(古來)의 절창들이 그러하고, 망국의 현장에서 지난날의 영화를 추억하는 회고의 노래나, 피 터지는 전쟁의 현장에서나 억울하게 떠나는 유배의 길에서까지도 직유든 은유든 계절감, 시절감은 항상 사실과 반죽이 되어 읊어졌습니다. 시인의 작품에도 이 범주에 속하는 수수편편이 적지 않습니다.

별밤이면 더욱 뻗는/인연의 질긴 줄기
미련스레 창밖으로/그윽한 눈길 주며

실바람/여린 기척에/옷자락을 여미고 있다.

- 「나팔꽃」, 2/2 -

뼛속을 파고드는/바람 드센 동토에서
가녀린 뿌리마저/눈 속에 파묻혀도
한 줄기/굳은 의지로/봄 마중을 채비한다.

- 「겨울 담쟁이」, 전문 -

생인손 보다 더한/망부한(亡夫恨)을 다스리며
돌이 된 사연 안고/고독을 씹는 청상(靑孀)
청산도/가슴을 뜯어/핏빛으로 울먹인다.

- 「한계령 단풍」, 전문 -

눈여겨 볼 것은 자연을 향한 따뜻한 애정입니다. 인격화 된 나팔꽃, 담쟁이, 설악과 바위, 단풍 등이 의인화 되어 시인과 동거하거나 가슴속에 들어와 있습니다. 물아일체(物我一體), 물심일여(物心一如)를 이루었으니 그들의 소리를 들을 수 있고 나아가 그들의 내력까지도 알 수가 있습니다.

매몰찬 바람 타고 흩날리는 눈발 속에
숨 막히게 감겨오는 고한(苦寒)을 뿌리치며
푸른 넋 오롯이 안고 부활하는 숨결소리

시퍼렇게 날을 세워 살을 에는 칼바람이
풍설로 옹이진 상처 비정하게 후벼 파도
한사코 새물을 잣는 나무들의 맥박소리

- 「한천(寒天)에 들다」, 1/3, 3/3 -

노년에 들면 한천(寒天)의 계절은 고통의 강을 건너는 기간입니다. 자칫 잘못 디디면 낙상도 우려되고 약한 호흡기를 타고 들어오는 찬바람에 기도(氣道)가 상하기도 쉽습니다. 적지 않은 노인들이 한천(寒天)의 계절을 잘못 다스려 어려운 지경에 이르게 되는 때가 많습니다. 하더라도 시인은 "매몰찬 바람 타고 흩날리는 눈발 속에//숨막히게 감겨오는 고한(苦寒)을 뿌리치며//푸른 넋 오롯이 안고 부활하는 숨결소리//" 듣기를 염원하고 있습니다. 칼바람이 살을 에는 겨울 숲에 들어서도 '한사코 새 물을 잣는 나무들의 맥박소리'를 들으며 희망의 끈을 놓지 않고 있습니다. 이와 같이 시인의 관심은 늘 현상의 저쪽에 있습니다. 보이지 않는 곳의 풍경을 보고, 들리지 않는 곳의 소리를 들으려 하고 있습니다. 이 같은 사물 투영의 기저에는 다음에도 같은 방식이 적용되고 있습니다.

산야엔 사시사철/그림신이 사나보다
봄이면 뉘도 몰래/연초록을 칠해 놓고
가을엔/황갈색 진경(珍景)/부시도록 그리느니

시린 바람 희살 짓는/동한(冬寒)에도 붓을 들어
능선 위 검푸른 솔/흰옷 입혀 세워 두고
하늘 땅/가득한 설경(雪景)/소담하게 펼치느니

- 「모르긴 해도」, 전문 -

시인의 눈은 보이지 않는 손에 관심이 있습니다. 사시(四時)를 두고 변화하는 자연 풍광도 시절에 맞춰 '진경(珍景)'을 부시도록 그려내는 그 어떤 '그림신'을 상정하고 있습니다. 그렇지 않다면 봄의 연초록, 가을의 황갈색, 그리고 "시린 바람 희살 짓는/동한(冬寒)에도 //" 조선 솔의 검푸른 색과 눈부신 설경의 흰색 등의 사철 바뀌는 오묘한 색깔의 배합이 어찌 그냥 되는 것이겠느냐고 보는 것입니다. 사철의 오묘한 색깔의 변화 앞에 선 시인의 겸손한 모습을 읽을 수 있습니다.

6. 덧없는 광음을 업고

일촌의 광음이 모여 역사가 됩니다. 역사적 사실을 헤아릴 수 있는 증거물은 세 가지 정도로 대별할 수 있을 것 같습니다. 하나는 문자요, 하나는 유물이요, 또 하나는 생생한 역사의 현장을 들 수 있을 것 같습니다. 국가는 국가로서 사회 공동체는 공동체로서 그 나름대로의 역사를 엮어 자기네의 정체성을 확립해 나가고 있습니다.

장엄한 지리 준령/성벽마냥 두른 요새(要塞)
전설에 뿌리 내린/돌이끼에 눈빛 주면
깨어진/나제동맹(羅濟同盟)의/파편들이 일어선다.

두꺼비 떼 등을 맞댄/강안(江岸)을 가로 질러
시공(時空)을 넘는 구름/잠든 혼 일깨워서
갈무린/역사의 증언/바람결에 흩고 있다.

- 「고소성에서」, 전문 -

망각(忘却)을 일깨우는/물소리에 귀를 열고
쓰라린 맘 추스르며/강심(江心)을 응시해도
눈물 밴/비사(秘史)의 얼룩/씻지 못해 출렁이는가.

장대(將臺)를 에워쌓은/성곽 밑을 구비 돌아
그 아픔 침묵으로/증언하는 저 강물은
이 땅에/신명(神命)을 바친/흰옷들의 숨결인가.

- 「남강 가에서」, 2/3, 3/3 -

역사의 현장 '고소성'과 '촉석루'에서의 소회를 읊은 것입니다. 전자는 신라의 산성으로서 남해에서 호남으로 들어가는 길목에 세웠던 규모가 당당한 성채였습니다. 뒤에는 험준한 지리산을 병풍으로 두르고, 앞에는 유유히 두꺼비의 전설을 안고 흐르는 섬진강이란 천연의 요새를 품고 있어 가히 산성 한 채가 들어설 요충지인 셈입니다. 후자는 잘 알려진 대로 임진왜란의 슬픈 이야기가 얽혀 있는 역사의 현장입니다.

수많은 시인들에 의해서 수많은 '역사의 현장'이 읊어져 왔습니다. 하더라도 그 역사의 현장을 생생하게 읊어 내는 데 성공한 작품들은 생각만큼 많지 않습니다. 역사 속의 이야기를 숙지하고 그것들과 남아 있는 현장을 무리 없이 결부시켜 역사 속에 살아 있는 현장으로, 은연중에 미래를 살아갈 양식을 제공하는 인프라로 만들어야 할 것인데 다수의 시인들이, 다수의 작품들이 이 임무를 수행하는 데 실패하고 있음을 보게 됩니다. 모름지기 역사의 현장을 쓰고자 하는 이들은 위 작품들을 골똘히 읽어볼 필요가 있다는 생각입니다.

역사는 공동체에서만 엮어 가는 것이 아닙니다. 개인도 나름대로의 역사를 만들어 갑니다. 사회에서 뚜렷한 족적을 남긴 사람은 회고록이란 형식을 빌어 자신의 역사를 남기고 문인은 각자의 장르에서 닦은 소양의 무게대로 족적을 남깁니다. 일상 선생도 세상에서 여든 해를 살아오면서, 등단 43년이란 짧지 않은 연륜을 기록하면서 시집의 곳곳에서 자신의 철학, 지향점 등을 피력하고 있습니다.

누군가,
사철 푸르고
흔들림 없다는 이는

단 한 번도 제 뜻대로
곧추서 보지 못하고

무시로
풍향을 따라
휘청대다 굽어진 대를

- 「曲 없는 返歌」, 전문 -

누군가로부터 받은 시편, 아니면 고래(古來)로부터 사군자의 하나로 칭송을 받으면서 지절(志節)을 대표하는 식물의 하나로 추앙받고 있는 대(竹)의 그림을 보고, 그 다른 한 면, "단 한 번도 제 뜻대로/곧추서 보지 못하고//무시로/풍향을 따라/휘청대다 굽어//"지는 대의 속성을 간파하고 있는 작품입니다. 시인은 이 작품을 통하여 결코 세상의 풍향을 따라 휘청대거나 굽어지지 않겠다는 꼬장꼬장한 딸깍발이 정신을 내어 보이고 있습니다.

시인은 이 작품을 시집의 제목으로 선택하고 있습니다. 시집의 제목으로 삼는다는 것은 그만큼 무게의 중심이 실려 있는 작품으로 읽을 수 있습니다. 그렇다면 시인은 왜 이 단수 작품의 제목을 시집의 제목으로 삼은 것이겠습니까. 나름대로의 생각은 이 작품 속에 시인의 인생관, 사회관, 삶의 지향점 등이 함축되어 있기 때문이라 생각하였습니다.

예부터 대(竹)는 사군자의 하나로 선비들이 칭송해 온 식물입니다.

혹한과 눈 속에서도 푸름을 잃지 않는 강인함과 곧게 서는 모습을 높이 사서 기개 높은 선비의 표상으로 여겨왔습니다. 그러나 적어도 이 작품에서 시인은 대를 높이 평가하지 않고 있습니다.

'무시로/풍향을 따라/휘청대다 굽어'지는 모습을 눈여겨보고 있습니다. 이 표현에서 우리는 일상(一常) 시인의 몇 가지 지조론을 읽을 수가 있습니다. 첫째는 세상 모든 사람이 다 옳다고 흔들어도 그들의 바람에 휩쓸리지 않겠다는 꼿꼿함입니다.

둘째는 우주에 존재하는 외물은 어느 것 하나 완전한 것은 없다는 전제 아래 그 외물의 겉과 속, 앞과 뒤, 좌와 우를 다 뜯어본 뒤에야 비로소 그 존재의 가치를 판정해 보겠다는 세심함과 주도면밀함입니다.

셋째로는 사람이 세상에 와서 뜻을 세우고 그 뜻을 성취하기 위해 부단히 노력한 결과 마침내 하나의 완전한 유기체로 곧추서 보겠다는 강렬한 의지를 읽을 수 있습니다.

때로 이 정신이 충일하면 겸손의 미덕을 잃을 수도 있지만 그것은 일단 차후의 문제일 것이고, 적어도 한 사람의 시인으로서는 마땅히 부려 볼 선(善)한 욕망이라 생각해 봅니다.

이렇게 보건대 시인은 죄악이 편만한 이승 하늘 아래 몸을 두고 살면서도 생각의 찌는 항상 지고지순(至高至純)의 푯대를 설정하고 그 끄트머리를 정조준한 삶을 살아온 것으로 읽혀집니다. 이 작품은 세상의 평가에 무심히 동조한 어떤 작품에 대하여 자신의 지조, 인생관, 지향점 등을 종합적으로 노래한 작품으로 읽혀집니다. 이러한 시인의 인생관은 다음에 열거하는 작품들, 「귀뚜리 우는 밤에」, 「눈 오는 제야(除夜)에」, 「바위의 말」, 「하조대 해송(河趙臺 海松)」 등에도 일관하여 나타나고 있습니다. 어쩌면 선비 정신이란 단어가 골동품으로 치부되는 세상에 살면서 새삼스럽게 끝까지 이 땅의 한 사람 마지막 선비로 남기를 자처하는 것 같아서 가슴이 짠해집니다.

달빛에 서리꽃 피고/늦가을도 이우는 밤
한 잎 미련도 없이/죄다 버리는 나목처럼
훌훌 다/털고 싶어라,/심신에 묻은 죄업

- 「귀뚜리 우는 밤에」, 전문 -

바람 거친 비탈에서/덧없는 광음을 업고
아등바등 허덕이며/저물도록 쌓은 죄업
그 흔적/다 덮으려고/밤새도록 내리는가.

- 「눈 오는 제야(除夜)에」, 1/2 -

끊임없이 자기를 초달하면서 한 점 부끄럼 없이 살아가고자 하는 구도자의 숙연한 모습을 엿볼 수 있습니다. 예로 든 두 수의 작품에는 '죄업'이란 시어가 공통적으로 등장하고 있습니다. 「귀뚜리 우는 밤에」를 봅니다. 시인은 지금 늦가을 긴긴 밤이 이울도록 잠을 이루지 못하고 있습니다. 밖에는 한 밤 내 '달빛에 서리꽃 피고' 나무들이 옷을 벗느라 고행을 거듭하고 있을 것을 생각하며 자신의 '심신에 묻은 죄업'을 훌훌 털어 버리고 지고지순한 세계의 문 - 그것이 열반이어도 좋고, 천국이어도 상관없는 - 을 열기 위하여 밤이 새도록 잠을 이루지 못한 채 뒤척이고 있습니다.

이 같은 열망은 「눈 오는 제야(除夜)에」서도 볼 수 있습니다. 결코 짧지 않은 인생길을 "바람 거친 비탈에서/덧없는 광음을 업고" 걸어오면서 '저물도록 쌓은 죄업'들을 내리는 눈밭에 죄다 내다버리고 부끄러운 삶의 찌꺼기들을 '밤새도록 내려' 쌓이는 눈으로 덮어버리려 하고 있습니다.

어쩌란 말이냐/정녕/바람 거센 비탈에서
줄 잘 타는 광대처럼/춤이라도 추란 말이냐
꿈쩍도 아니 하는 건/타고난 천성인 것을

- 「바위의 말」, 1/2 -

해풍은 밤낮없이/신념을 뒤흔들고
파도는 거품을 물고/지절(志節)을 헐뜯어도
해송은/세사를 잊고/바위섬에 홀로 섰다.

- 「하조대 해송(河趙臺 海松)」, 전문 -

바위와 해송(海松)의 속성을 지지하고 있는 작품입니다. 「바위의 말」에서는 '어쩌란 말이냐/정녕/바람 거센 비탈에서//줄 잘 타는 광대처럼/춤이라도 추란 말이냐//라고 강변(强辯)하고 있습니다. 결코 세속의 불의와 타협하지 않을 것을 짐짓 「바위의 말」로 돌리면서 자신의 강인한 의지를 천명하고 있습니다. 바위의 말을 빌어서 자신의 확고한 인생관을 피력하고 있습니다. 다음 작품 「하조대 해송(河趙臺 海松)」에서도 소재만 바위에서 해송으로 바뀌었을 뿐 주제는 동일해 보입니다. 어느 누가 와서 자신의 신념이 틀렸다고 채찍질해 와도, 자신의 지절이 잘못된 것이라고 파도 같은 거품을 물고 달려들더라도 "「하조대 해송(河趙臺 海松)」은 홀로 푸르게 서 있다"는 한 마디로 답을 대신하고 있습니다.

뽕잎을 잠식하는/누에도 아닌 주제에
실없는 일흔 몇 해를/시나브로 갉아 먹고
남은 건/발자국마다/수북한 껍데기 뿐

- 「허허! 참」, 전문 -

눈 들면 창 너머엔/산이 빚은 만 평 정원
무시로 내 마음이/그 자락을 서성이면
철따라 피고 이우는/푸나무가 말을 건다.

바람결에 서걱대는/수풀에 정을 두면
꽃씨를 움켜쥔 꿈/화사하게 피어나고
고요를 밟는 발끝에/떨어지는 산새소리

사는 일 다 잊은 양/침묵을 깔고 앉아
쌓이는 외로움을/온몸으로 받아 안고
초연히 삶을 누리는/그 산심을 닮고 싶다.

- 「때때로」, 전문 -

「허허! 참」이란 작품을 봅니다. '인생길 걸어온 일흔 몇 해'를 누에가 뽕잎을 갉아먹는 모습으로 환치한 착상이 이채롭습니다. 사람이라면 어느 누가 자기의 걸어온 길에 만족할 수 있겠습니까? 시인도 역시 자신이 걸어온 길을 돌아보면서 누구나 느끼게 되는 허무감을 노래하고 있습니다. 그러나 시인은 인생길 걸어온 여든 해를 돌아보면서 허무감과 절망감에만 젖어 한탄하고 있는 모습이 전부는 아닙니다.

세상에서의 질긴 인연의 끈들을 초월하고 달관의 경지에 든 시인의 세계를 엿볼 수 있는 한 편을 올려 봅니다. 해설자는 「때때로」라는 세 수로 된 이 작품을 대하면서 가히 노 시인의 유유자적하는 모습을 마음껏 읊어낸 명품(名品)이라 추천하고 싶습니다. 이 작품을 읽으면서 '젊어 고생은 사서도 하는 것이요 늙어 누리는 평안이 진정한 평안'이란 말을 생각해 보았습니다. "눈 들면 창 너머엔/산이 빚은 만 평 정원//무시로 내 마음이/그 자락을 서성이면//철따라 피고 이우는/푸나무가 말을 건다//바람결에 서걱대는/수풀에 정을 두면//꽃씨를 움켜쥔 꿈/화사하게 피어나고//고요를 밟는 발끝에/떨어지는 산새소리//" 이만하면 복 있는 만년이라 할 만하지 아니합니까. 아름

다운 자연의 모습과 소리를 만끽하지 못하고 세상 명리와 눈앞의 욕심에 휩싸여서 아등바등 살아간다면 비록 세상을 호령하며 만금(萬金)을 자리에 깔고 산다 한들 그것이 진정 무슨 의미가 있겠습니까. 모든 사람이 이승에서 신으로부터 공평하게 부여받은 것은 수십 년 살 시간과 몇 평 죽을 공간이요, 떠나갈 날에는 초동급부(樵童汲婦)나 왕후장상(王侯將相)이나 똑 같이 배당받을 수밖에 없는 신세인 것을. 자연이 주는 만 평 정원 속에서 "사는 일 다 잊은 양/침묵을 깔고 앉아//쌓이는 외로움을/온몸으로 받아 안고//초연히 삶을 누리는" 산의 마음을 닮고 싶어 하는 모습이야말로 인간이라면 누구나 갈망하면서도 쉽게 도달하기 어려운 경지가 아니겠습니까.

7. 에필로그

일상(一常) 김광수 선생의 작품을 일람하였습니다. 주제별로 묶을 수 있는 몇 개의 동아리를 만들어 보았습니다. 요컨대 이 시집은 여든 해 인생과 마흔 세 해 동안 시조를 안고 씨름해 온 선생의 전체 모습이 녹아 있다고 할 만합니다. 자라난 고향 이야기, 가족과 이웃 이야기, 나라와 겨레의 앞날을 걱정하는 국가관과 세계관, 자연을 바라보는 눈, 생활의 현장에서 사색을 통하여 확립한 시학과 철학에 이르기까지 가히 한 시인의 생애를 시로 읽은 감동입니다. 산 같은 하중(荷重)을 느끼면서 숙독하였습니다. 작품에 해설을 붙이기가 조심스러웠습니다. 한 수 한 수마다 탈고 연대와 발표한 지면과 날짜 등 작품마다에 그 작품의 족보가 명시되어 있습니다. 요즈음 다시 정격 시조의 걸음에 대하여 활발하게 논의가 전개되고 있지만, 선생의 작품들에는 시조의 걸음에서 한 걸음도 흐트러짐 없는 행보와 시어 선택, 나아가 음절 하나의 배치에 이르기까지 단아하고 장중한 품격과 절제미를 잃지 않고 있습니다. 작품의 편편마다 시인의 땀 냄새가 진하게 풍기고 있습니다. 은연중에 독자를 향하여 우리만이 가진 자랑스런 전통시 시조 앞에 어떤 자세로 서야 할 것인지, 시조를 어떻게 써야 할 것인지 그 방향을 몸으로 제시하고 있습니다.

성경에 '우리의 연수가 칠십이요 강건하면 팔십(시편 90)'이란 구절이 있습니다. 김광수 선생은 지금 이미 여든의 인생길을 걸어가고 있습니다. 듣기로는 건강 때문에 상당한 어려움을 겪는 중인 것 같습니다. 그러나 작품 속에 들어가면 지금도 새로운 시의 세계를 끊임없이 개척해 가고 있음을 봅니다. 바라기는 하루 빨리 청청한 모습으로 생기를 되찾으셔서 시조단 원로로서의 역할을 거뜬히 감당해 주시기를 바라는 마음 간절합니다.

이 시집의 상재(上梓)를 계기로 지금까지의 작품 세계에 한 획을 그으시고 하루가 다르게 변화해 가는 새로운 시대에 이정표를 제시하며, 나아가 변화의 대열을 이끌어갈 빛나는 작품들을 계속하여 생산해 주시기를 간망(懇望)합니다.

金光洙 第3詩集

曲 없는 返歌

1판1쇄 발행 2017년 8월 25일

지 은 이 김 광 수
펴 낸 이 김 진 수
펴 낸 곳 **한국문화사**
등 록 1991년 11월 9일 제2-1276호
주 소 서울특별시 성동구 광나루로 130 서울숲 IT캐슬 1310호
전 화 02-464-7708
팩 스 02-499-0846
이 메 일 hkm7708@hanmail.net
홈페이지 www.hankookmunhwasa.co.kr

책값은 뒤표지에 있습니다.

잘못된 책은 구매처에서 바꾸어 드립니다.

ISBN 978-89-6817-528-2 03810

이 도서의 국립중앙도서관 출판예정도서목록(CIP)은 서지정보유통지원시스템
홈페이지(http://seoji.nl.go.kr)와 국가자료공동목록시스템(http://www.nl.go.kr/kolisnet)에서
이용하실 수 있습니다.(CIP제어번호: CIP2017020442)